Franzö

Die 1.000 wichtigsten Vokabeln für Anfänger

LANGUAGE GUIDES

Copyright © 2021 LANGUAGE GUIDES

Alle Rechte vorbehalten.

INHALTSVERZEICHNIS

VORWORT 1

LERNTIPPS 3

  DIE BESTE ZEIT ZUM LERNEN 3
  DIE RICHTIGE VORBEREITUNG 3
  LERNEN MIT (FAST) ALLEN SINNEN 4
  KOMMUNIZIERE MIT EINEM MUTTERSPRACHLER 5
  INFORMIERE DICH AUF FRANZÖSISCH 6
  SEI KREATIV! 6

AUSSPRACHE UND LAUTSCHRIFT IM FRANZÖSISCHEN 8

  VOKALE 8
  KONSONANTEN 9
  DAS FRANZÖSISCHE ALPHABET IN DER LAUTSCHRIFT 10

PRONOMEN UND ARTIKEL 12

  PERSONALPRONOMEN 13
  REFLEXIVPRONOMEN 14
  POSSESSIVPRONOMEN 14
  DER BESTIMMTE ARTIKEL 15
  DER UNBESTIMMTE ARTIKEL 16

1.000 VOKABELN FÜR DEN ALLTAG 17

  KONJUGATION DER WESENTLICHEN VERBEN 18
  ADJEKTIVE UND DEREN STEIGERUNG 28
  FARBEN 37
  ZAHLEN 38
  FAMILIE 40
  FREUNDE 43
  ESSEN UND TRINKEN 44
  FREIZEIT UND HOBBYS 48
  URLAUB UND VERKEHR 52
  ARBEITSWELT 55
  SPRICHWÖRTER 57

ÜBUNGEN 60

  PERSONAL- UND REFLEXIVPRONOMEN 60
  VERBEN UMWANDELN 60
  ADJEKTIVE 61

Sprichwörter	62
Sprichwörter	62
Lückentext	62
Lückentext	63

LÖSUNGEN 64

Personalpronomen	64
Verben umwandeln	64
Adjektive	65
Sprichwörter und Redewendungen	65
Sprichwörter und Redewendungen	66
Lückentext	66
Lückentext	67

SCHLUSSWORT 68

Vorwort

Die französische Sprache gilt als „la langue d'amour", die Sprache der Liebe. Mit ihr wird Romantik, aber auch kulinarische Finesse und guter Wein assoziiert. Jeder kennt den Eiffelturm und die Champs Elysée in Paris. Wer will nicht einmal in den Urlaub nach Südfrankreich fahren? Frankreich hat definitiv sehr viel zu bieten. Das Problem ist aber die Sprachbarriere. Mit Ausnahme des Elsass, wird in Frankreich wenig bis gar kein Deutsch gesprochen.

Man wird bewundert, wenn man fließend Französisch sprechen kann. Durch französisch Kenntnisse wirkt man einfach kultivierter und wortgewandter. Tatsächlich greifen wir auch im Deutschen auf französische Wörter zurück. Wir kaufen unser „Baguette" beim Bäcker und trinken auch mal gerne einen „Rosé". Französische Wörter sind unserem Vokabular also nicht völlig fremd. Trotzdem erscheint die französische Sprache sogar dem geübten Ohr als ein Kauderwelsch, das mit dem Deutschen nicht im Entferntesten etwas zu tun hat.

Dafür gibt es einen Grund: im Gegensatz zur deutschen Sprache, ist Französisch nämlich eine romanische Sprache. Französisch hat ihren Ursprung also im Latein. Dies ist eine ganz andere Sprachfamilie als Deutsch. Zu dieser Familie zählen, unter anderem, auch Italienisch, Spanisch und Portugiesisch. Als deutscher Muttersprachler ist es also schwieriger, Französisch als Fremdsprache zu erlernen. Generell muss man zugeben, dass Französisch eine Sprache mit sehr vielen Ausnahmen und Unregelmäßigkeiten ist. Es ist dennoch lohnenswert, sich mit dieser

Sprache zu beschäftigen, denn mit der richtigen Technik und Motivation, ist es durchaus möglich Französisch zu erlernen.

Dieses Buch hilft dir dabei, deine ersten Schritte im Französischen zu machen. Hier lernst du praktische Vokabeln sowie einfache Sätze, die dir bei der Verständigung mit französisch-sprechenden Menschen helfen werden. Dank unserer über 3.000 Vokabeln, Sätze und Beispiele, kannst du dich im „papotage", in der Plauderei, mit französischen Muttersprachlern versuchen. Im folgenden Abschnitt bekommst du nützliche Lerntipps und Hilfen mit auf den Weg, um Französisch effizient und spaßiger zu erlernen.

Lerntipps

Die beste Zeit zum Lernen

Timing ist alles. Nicht nur beim Vokabeln lernen. Das menschliche Gehirn ist nicht in der Lage, sich länger als 30 bis 45 Minuten voll und ganz auf eine Aufgabe zu konzentrieren. Das hat nichts mit „gut" oder „schlecht" zu tun, sondern ist schlichtweg eine psychologische Tatsache. Daher ist es gerade beim Vokabeltraining, das viele einzelne und voneinander unabhängige Wörter enthält, wichtig, viele Pausen einzulegen, um das Kurzzeitgedächtnis nicht zu überfordern. Denn überfordert man es, erhält man nur ein Resultat: man weiß am Ende gar nichts mehr. Ideal ist ein 30-minütiger Rhythmus beim Lernen: 25 Minuten hochkonzentriertes Lernen, anschließend fünf Minuten Pause. In der Pause sollte man wirklich „abschalten" und keine neuen Informationen aufnehmen; also Finger weg von Handy, Fernseher und Internet! Bewegung hilft dagegen dabei, die verschiedenen Gehirnregionen zu vernetzen. Spazierengehen oder joggen sind also ratsame Aktivitäten nach dem Lernen. In den Pausen darfst du gerne Liegestütze machen, den Müll runterbringen oder deine Wohnung aufräumen. Oder aber du legst dich hin und entspannst dich fünf Minuten lang. Übrigens: Die beste Tageszeit zum Lernen von Vokabeln ist der Abend, denn im Schlaf werden neue Informationen nachhaltiger gespeichert.

Die richtige Vorbereitung

Es gilt die Faustregel: 20 Minuten Vorbereitung ist gleich eine Stunde Nachbereitung. Was bedeutet das konkret? Es bedeutet, dass das Erlernen einer Sprache keine Berieselung ist. Bereite jede deiner „Lernsessions" genau vor, indem du schon vorher in dein Buch schaust und dir konkrete Lernziele setzt. Definiere diese so genau wie möglich und schreibe sie dir auf. Wichtig ist es auch, vor einer neuen Lektion die zuletzt gelernte erneut zu „überfliegen" und zu prüfen, ob alles „hängengeblieben" ist.

Lernen mit (fast) allen Sinnen

Auch für die Psychologie des Lernens gibt es Faustregeln und eine von ihnen lautet: Je vielseitiger der Lernstoff verarbeitet wird, desto besser! Das ist wiederum ähnlich wie beim Fitnesstraining, wo man seine Muskeln durch so viele unterschiedliche Übungen wie möglich trainieren soll, um die besten Erfolge zu erzielen. Beim Lernen kann man dies erreichen, indem man das Gehirn über die unterschiedlichen Sinne stimuliert: sehen, hören, tasten.

Das bedeutet konkret:
* Lese dir das zu lernende Material leise durch.
* Lese dir es dann erneut noch einmal laut.
* Schließlich schreibst du es auf.

Durch diesen Vorgang erlangt das Gehirn über drei verschiedene Sinne Zugang zu dem Lernmaterial und der Inhalt wird tiefer verarbeitet.

Kommuniziere mit einem Muttersprachler

Die Kommunikation mit einem Muttersprachler ist immer ein guter Weg eine Sprache zu erschließen. Man lernt, sich an die Sprache zu gewöhnen und sieht, respektiv hört, wie ein Muttersprachler sie anwendet. Vielleicht kennst du aber keinen französischen Muttersprachler. Das ist keineswegs ein Problem. Wir stellen dir ein paar Möglichkeiten vor, wie man welche kennenlernen kann.

- Eine Brieffreundschaft: es klingt zwar nach einem Klischee aber Brieffreundschaften helfen dir definitiv dabei, dich mit der Sprache auseinanderzusetzen. Es gibt verschiedene Internetseiten, bei denen Brieffreundschaften „vermittelt" werden.
- Diskutiere in französischen Foren: Kennst du dich in einem Thema sehr gut aus? Dann diskutiere doch in französisch-sprachigen Internetforen mit. Wenn du ein Wort, das du benötigst, nicht kennst, dann schlage es einfach nach. Da es sich um deinen Interessensbereich handelt, wirst du diese Vokabeln umso schneller erlernen!
- Versuche dich in Live-Chats: es gibt sehr viele Portale, in denen Live-Chats möglich sind. Versuche gezielt Muttersprachler zu finden und erkläre ihnen, warum sie dir helfen können, in dem sie einfach mit dir über unspezifische Themen plaudern. Dies hilft dir dabei ein Gefühl für das Aussprechen der Sprach zu erlangen.

Informiere dich auf Französisch

Ein weiterer Tipp ist, dich in Französisch zu informieren. Das bedeutet zum Beispiel eine französische Zeitung zu lesen. Es gibt da sehr bekannte, wie Le Parisien oder Le Monde. Es gibt natürlich auch bekannte Zeitungen für spezifische Themen: L'Équipe für den Sport zum Beispiel.

Du kannst aber auch dein Telefon einfach auf Französisch einstellen. Da du normalerweise weißt, wo sich welche Funktion befindet, kannst du so die französischen Begriffe für diese Funktionen lernen, ohne gezielt eine „Lernsession" zu machen.

Natürlich kannst du dir auch französisches Fernsehen, Filme, Serien usw. anschauen. Jeder Kontakt mit der Sprache kann und wird dir weiterhelfen. Wenn du am Anfang auch nicht alles verstehst, ist das gar nicht schlimm. Nach und nach gewöhnst du dich an die neue Sprache.

Sei kreativ!

Wie schon im Abschnitt „Lernen mit (fast) allen Sinnen" angesprochen, erzielst du einen besseren Lerneffekt, je tiefer du den Stoff verarbeitest. Habe den Mut und arbeite deine Vokabeln auf. Das heißt konkret: Nehme dir Textmarker und Buntstifte zur Hand, schreibe dir zusätzliche Infos und Assoziationen zu deinen Vokabeln an den Rand. Markiere Silben in verschiedenen Farben, streiche Unwichtiges, fasse zusammen, schneide aus, singe dir die Vokabeln, ordne sie neu, befasse dich auf so viele unterschiedliche Arten und Weisen mit dem Lernmaterial, wie dir in den

Sinn kommen! Je intensiver und kreativer du dich mit dem Lernstoff auseinandersetzt, desto besser wirst du ihn vertiefen, desto mehr bleibt er also in deinem Gedächtnis. Außerdem hast du so ungleich mehr Spaß am Lernen, und wem ist das nicht Musik in den Ohren?

Aussprache und Lautschrift im Französischen

Die sogenannte Lautschrift hilft uns dabei, Wörter richtig aussprechen zu können, auch, wenn wir sie noch nie zuvor gehört haben. Es ist wichtig, die Grundregeln der Lautschrift zu kennen, um diese auf den ersten Blick fremdartigen Zeichen richtig lesen und interpretieren zu können.

Wir behandeln hier die Aussprache der Vokale, Konsonanten und des ganzen Alphabets.

Vokale

Diese Liste beinhaltet alle Halb-, Oral- und Nasalvokale, die es in der französischen Sprache gibt.

/ j /	Dieu, fille
/ w /	oui, loi
/ ɥ /	huit, lui
/ a /	moi, année
/ e /	vérité, été
/ i /	ville, qui
/ o /	nouveau, aucune
/ u /	coup, ouverte
/ y /	unique, étude
/ ø /	Europe, lieu
/ œ /	œil, seuil

/ ɔ /	homme, comme
/ ə /	besoin, ne
/ ɛ /	nouvelle, sujet
/ ɑ /	seulement, exemple
/ ɔ /	nom, son
/ ɛ /	ainsi, loin

Konsonanten

Sehr viele Konsonanten unterscheiden sich in der Lautschrift nicht vom normalen, uns bekannten Alphabet. Hier gibt es allerdings ein paar Ausnahmen. Die folgende Tabelle zeigt dir alle Konsonanten in der Lautschrift mit ihrer Aussprache.

/ b /	beaucoup, début
/ d /	de, idée
/ f /	femme, neuf
/ g /	gauche, également
/ k /	que, lequel
/ l /	celui, il
/ m /	maman, même
/ n /	nous, nom
/ p /	époque, peu

/ ʁ /	rouler, Russie
/ s /	si, merci
/ t /	tactique, toute
/ v /	vous, avec
/ z /	zone, maison
/ ɲ /	ligne, gagner
/ ŋ /	parking, legging
/ ʃ /	chef, chauffer
/ ʒ /	jamais, joli
/ dʒ /	budget, Cambodge
/ tʃ /	match, tchèque

Das französische Alphabet in der Lautschrift

In der nachfolgenden Tabelle haben wir das französische Alphabet in Lautschrift aufgelistet. Versuche, jeden Buchstaben nachzusprechen, um ein Gefühl für die Klänge der französischen Sprache zu bekommen.

/ a /	a
/ be /	b
/ se /	c
/ de /	d
/ ə /	e

/ ɛf /	f
/ʒe /	g
/ aʃ /	h
/ i /	i
/ ʒi /	j
/ ka /	k
/ɛl /	l
/ɛm /	m
/ɛn /	n
/ o /	o
/ pe /	p
/ ky /	q
/ ɛʁ /	r
/ ɛs /	s
/ te /	t
/ y /	u
/ ve /	v
/ dublə ve /	w
/ iks /	x
/ igʁɛk/	w
/ zɛd /	z

Pronomen und Artikel

Bevor wir uns den verschiedenen Pronomen und Artikeln im Französischen zuwenden, sollte sich jeder Leser bewusst sein, um welche Wortart es sich hier überhaupt handelt und wie diese in einem Satz funktioniert. Sehen wir uns zunächst die Nomen an, mit denen Personen, Pflanzen, Tiere und auch Dinge bezeichnet werden. Nomen werden stets großgeschrieben und sind mit einem Artikel (der, die oder das) versehen:

- der Tisch
- die Lampe
- das Buch

Pronomen wiederum können Nomen vertreten. Das Wort „pro" stammt aus dem Lateinischen und bedeutet „für". Ein Pronomen steht also für ein Nomen.

- Frank sitzt am Tisch.
- Er sitzt am Tisch.

oder

- Susi geht nach Hause.
- Sie geht nach Hause.

Personalpronomen

Eine bestimmte Art der Pronomen sind Personalpronomen, die eine (Singular) oder mehrere Personen (Plural) vertreten. Diese sind:

Person	Personalpronomen
1. Person Singular (Ich)	Je
2. Person Singular (du)	Tu
3. Person Singular (er/sie/es)	Il, elle, on
1. Person Plural (wir)	Nous
2. Person Plural(ihr)	Vous
3. Person Plural (sie)	Ils, elles

Hierzu muss man aber ein paar wichtige Punkte erwähnen:

- Das Personalpronomen „je" wird vor einem Vokal oder einem stummen H apostrophiert, also zum Beispiel „j'aime" anstatt von „je aime".
- Im Französischen gibt es kein Personalpronomen für „es", da es kein neutrales Geschlecht in der Grammatik gibt. Man benutzt also „il" oder „elle" (je nach grammatikalischem Geschlecht).
- Das Personalpronomen „vous" bildet ebenfalls die französische Höflichkeitsform.
- Die dritte Person Plural, „ils" und „elles", wird wie folgt gebildet: „elles" wird nur benutzt, wenn alle Personen weiblich sind, sobald auch nur ein einziger Teilnehmer männlich ist, wird „ils" benutzt.

Reflexivpronomen

Reflexivpronomen werden benötigt um Reflexivverben zu bilden, dies sind Verben wie „sich erinnern" oder „sich verlieben". Es gibt relativ viele Reflexivverben im Französischen, deshalb ist es sehr wichtig den Aufbau dieser zu verstehen!

Hier ist es ebenfalls wichtig daran zu denken, dass sich das Partizip Perfekt an Geschlecht und Anzahl der Person(en) anpasst. Die Reflexivpronomen werden vor einem Vokal oder einem stummen H apostrophiert.

Die Reflexivpronomen im Französischen sind folgende:

Personalpronomen	Reflexivpronomen
je	me/m'
tu	te/t'
il/elle/on	se/s'
nous	nous
vous	vous
ils	se/s'

Possessivpronomen

Possessivpronomen drücken den Besitz von etwas aus, wie zum Beispiel der Satz: das ist **mein** Hund. Die Possessivpronomen im Französischen sind genauso aufgebaut, wie die im Deutschen. Es ist also nicht sehr schwierig diese zu verstehen:

Person	Männlich	Weiblich	Mehrzahl
1. Person Singular	mon	ma	mes
2. Person Singular	ton	ta	tes
3. Person Singular	son	sa	ses
1. Person Plural	notre	notre	nos
2. Person Plural	votre	votre	vos
3. Person Plural	leur	leur	leurs

Der bestimmte Artikel

Der bestimmte Artikel hat im Französischen 4 Formen:

- Le (Männlich)
- La (Weiblich)
- L' (ersetzt le und la vor einem Vokal oder stummen H)
- Les (Mehrzahl männlich und weiblich)

Wir verwenden den bestimmten Artikel in 3 Fällen:
- wenn wir von etwas Bestimmtem sprechen, z.B.:
  Jacques est le frère de Martine. (Jacques ist der Bruder von Martine.)
- wenn wir etwas bereits erwähnt haben oder es als bekannt voraussetzen z.B.:
  Jean conduit la voiture. (Jean fährt das Auto.)
- nach aimer, adorer, préférer, détester, z.B.:
  Paulette aime le chocolat. (Paulette mag Schokolade.)

Der unbestimmte Artikel

Die unbestimmten Artikel sind:
- Un (Männlich)
- Une (Weiblich)
- Des (Mehrzahl)

Wir verwenden den unbestimmten Artikel, wenn:
- wenn wir von etwas sprechen, das nicht näher bestimmt ist, z.B.: Sabrina est une amie de Claudine (Sabrina ist eine Freundin von Claudine.)
- wenn wir in einem Text etwas zum ersten Mal erwähnen, z.B.: Claude a acheté une voiture. (Claude hat sich ein Auto gekauft.)

1.000 Vokabeln für den Alltag

Im Französischen werden prinzipiell alle Wörter klein geschrieben. Du musst also (fast) nicht auf Groß- und Kleinschreibung achten. Die gängigsten Ausnahmen sind: das erste Wort in einem Satz, Ländernamen und Eigennamen. Diese beginnen mit einem Großbuchstaben.

Die Verben sind mitunter das Komplizierteste in dieser Sprache. Wir konzentrieren uns in diesem Buch lediglich auf das „Indicatif présent", das Präsens, und das „Passé composé", welches mit dem deutschen Perfekt zu vergleichen ist. Beide können generell leicht erlernt werden.

Das Indicatif présent

Das Indicatif présent ist das französische Pendant des deutschen Präsens. Er beschreibt also etwas, das in der Gegenwart passiert.

Die Regeln sind prinzipiell sehr einfach und basieren auf den 3 Grundkonjugationsformen, die du gleich kennenlernen wirst. Dazu kommen ein paar Ausnahmen. Das Indicatif présent sollte kein Problem für dich darstellen.

Das Passé composé

Das Passé composé ähnelt, wie bereits erwähnt, dem deutschen Perfekt und gehört zu den zusammengesetzten Zeiten.

Es gibt 2 Möglichkeiten der Bildung: entweder wird das Passé composé mit dem Verb „avoir" (haben) oder dem Verb „être" (sein) gebildet. Meistens wird das Passé composé mit avoir gebildet.

Die Ausnahmen sind Verben der Bewegung mit Richtung, des Verweilens und reflexive Verben. Diese werden mit être gebildet.

Konjugation der wesentlichen Verben

Grundsätzlich gibt es im Französischen drei Konjugationsformen, die man mit der Verb-Endung im Infinitiv ganz leicht identifizieren kann: -er, -ir und –dre. Es gibt aber auch noch zahlreiche unregelmäßige Verben, die wichtigsten werden später näher behandelt.

Wichtig ist anzumerken, dass Verben in zusammengesetzten Zeiten, wie dem Passé composé, die mit être konjugiert werden, eine Anpassung des Partizips Perfekt nach sich ziehen. Zum Beispiel:

- Il est all**é** (er ist gegangen) und elle est all**ée** (sie ist gegangen).
- Ils se sont habill**és** (sie, männlich, haben sich angezogen) und elles se sont habill**ées** (sie, weiblich, haben sich angezogen)

Konjugation der Verben auf -er

Verben auf -er bilden die größte Verbgruppe. Die regelmäßigen Verben werden wie folgt, am Beispiel „jouer" (spielen) konjugiert:

Indicatif présent	Übersetzung	Passé composé	Übersetzung
je joue	ich spiele	j'ai joué	ich habe gespielt
tu joues	du spielst	tu as joué	du hast gespielt
il/elle/on joue	er/sie/es spielt	il/elle/on a joué	er/sie/es hat gespielt
nous jouons	wir spielen	nous avons joué	wir haben gespielt
vous jouez	ihr spielt	vous avez joué	ihr habt gespielt
ils/elles jouent	sie spielen	ils/elles ont joué	sie haben gespielt

Hier findest du eine Liste der Verben, die identisch wie „jouer" konjugiert werden.

Verb	Übersetzung	Hilfsverb	Passé Composé
espérer	hoffen	avoir	j'ai espéré
s'inquiéter	sich sorgen machen	être	elle s'est inquiétée
appeler	anrufen	avoir	j'ai appelé
répéter	wiederholen	avoir	il a répété
essayer	versuchen	avoir	tu as essayé
payer	bezahlen	avoir	vous avez payé
corriger	verbessern	avoir	j'ai corrigé
déranger	stören	avoir	nous avons dérangé
ranger	räumen	avoir	elle a rangé
manger	essen	avoir	tu as mangé

annoncer	ankündigen	avoir	vous avez annoncé
enlever	wegnehmen	avoir	nous avons enlevé
se lever	aufstehen	être	ils se sont levés
se promener	spazieren gehen	être	elle s'est promenée
acheter	kaufen/einkaufen	avoir	tu as acheté
arriver	ankommen	être	nous sommes arrivés

Konjugation der Verben auf -ir

Die zweite Konjugationsgruppe bilden die Verben, die auf -ir enden, wie etwa choisir (wählen):

Indicatif présent	Übersetzung	Passé composé	Übersetzung
je chois**is**	ich wähle	j'**ai** choisi	ich habe gewählt
tu chois**is**	du wählst	tu **as** choisi	du hast gewählt
il/elle/on chois**it**	er/sie/es wählt	Il/elle/on **a** choisi	er/sie/es hat gewählt
nous chois**issons**	wir wählen	nous **avons** choisi	wir haben gewählt
vous chois**issez**	ihr wählt	vous **avez** choisi	ihr habt gewählt
ils/elles	sie wählen	ils/elles **ont**	sie haben

choisi**ssent**		choisi	gewählt

Es gibt deutlich weniger Verben auf -ir als auf -er, hier siehst du die geläufigsten.

Verb	Übersetzung	Hilfsverb	Passé Composé
réussir	erfolgreich sein	avoir	j'ai réussi
réagir	reagieren	avoir	elle a réagi
finir	beenden, fertigstellen	avoir	nous avons fini
réfléchir	überlegen, nachdenken	avoir	ils ont réfléchi

Konjugation der Verben auf -dre

Jamais deux sans trois! Die letzte Gruppe besteht aus den Verben mit einer Endung auf -der, wie etwa attendre (warten):

Indicatif présent	Übersetzung	Passé Composé	Übersetzung
j'attend**s**	ich warte	j'**ai** attend**u**	ich habe gewartet
tu attend**s**	du wartest	tu **as** attend**u**	du hast gewartet
il/elle attend	er/sie/es wartet	il **a** attend**u**	er/sie/es hat gewartet
nous attend**ons**	wir warten	nous **avons**	wir haben

		attendu	gewartet
vous attend**ez**	ihr wartet	vous **avez** attendu	ihr habt gewartet
ils/elles attend**ent**	sie warten	ils **ont** attendu	sie haben gewartet

Weitere Verben, die dementsprechend konjugiert werden:

Verb	**Übersetzung**	**Hilfsverb**	**Passé Composé**
descendre	hinuntergehen	être	elles sont descendues
rendre	zurückgeben, abgeben	avoir	tu as rendu
répondre	antworten	avoir	nous avons répondu
perdre	verlieren	avoir	il a perdu

Konjugation der wichtigsten unregelmäßigen Verben

Man muss leider eingestehen, dass sehr viele Verben unregelmäßig sind. Das erschwert natürlich das Erlernen von Französisch. Wir konjugieren hier aber ein paar Verben für dich, die du absolut beherrschen sollten.

Avoir – Haben

Indicatif Présent	Übersetzung	Passé Composé	Übersetzung
j'ai	ich habe	j'ai eu	ich habe gehabt
tu as	du hast	tu as eu	du hast gehabt
il/elle/on a	er/sie/es hat	il/elle/on a eu	er/sie/es hat gehabt
nous avons	wir haben	nous avons eu	wir haben gehabt
vous avez	ihr habt	vous avez eu	ihr habt gehabt
ils/elles ont	sie haben	ils/elles ont eu	sie haben gehabt

Être – Sein

Indicatif présent	Übersetzung	Passé composé	Übersetzung
je suis	ich bin	j'ai été	ich bin gewesen
tu es	du bist	tu as été	du bist gewesen
il/elle/on est	er/sie/es ist	il/elle/on a été	er/sie/es ist gewesen
nous sommes	wir sind	nous avons été	wir sind gewesen
vous êtes	ihr seid	vous avez été	ihr seid gewesen
ils/elles sont	sie sind	ils/elles ont été	sie sind gewesen

Prendre – Nehmen

Indicatif présent	Übersetzung	Passé composé	Übersetzung
je prends	ich nehme	j'ai pris	ich habe genommen
tu prends	du nimmst	tu as pris	du hast genommen
il/elle/on prend	er/sie/es nimmt	Il/elle/on a pris	er/sie/es hat genommen
nous prenons	wir nehmen	nous avons pris	wir haben genommen
vous prenez	ihr nehmt	vous avez pris	ihr habt genommen
ils/elles prennent	sie nehmen	ils/elles ont pris	sie haben genommen

Folgende Verben werden genauso konjugiert wie prendre:

Comprendre – Verstehen

Apprendre – Lernen

Aller – Gehen (wird mit être konjugiert)

Indicatif présent	Übersetzung	Passé composé	Übersetzung
je vais	ich gehe	je suis allé	ich bin gegangen
tu vas	du gehst	tu es allé	du bist gegangen
il/elle/on va	er/sie/es	il/elle/on est	er/sie/es ist

		geht	allé(e)	gegangen
nous allons		wir gehen	nous sommes allés	wir sind gegangen
vous allez		ihr geht	vous êtes allés	ihr seid gegangen
ils/elles vont		sie gehen	ils/elles sont allé(e)s	sie sind gegangen

Boire – Trinken

Indicatif présent	Übersetzung	Passé composé	Übersetzung
je bois	ich trinke	j'ai bu	ich habe getrunken
tu bois	du trinkst	tu as bu	du hast getrunken
il/elle/on boit	er/sie/es trinkt	il/elle/on a bu	er/sie/es hat getrunken
nous buvons	wir trinken	nous avons bu	wir haben getrunken
vous buvez	ihr trinkt	vous avez bu	ihr habt getrunken
ils/elles boivent	sie trinken	ils ont bu	sie haben getrunken

Dire – Sagen

Indicatif présent	Übersetzung	Passé composé	Übersetzung
je dis	ich sage	j'ai dit	ich habe gesagt
tu dis	du sagst	tu as dit	du hast gesagt
il/elle/on dit	er/sie/es sagt	il/elle/on a dit	er/sie/es hat gesagt
nous disons	wir sagen	nous avons dit	wir haben gesagt
vous dites	ihr sagt	vous avez dit	ihr habt gesagt
ils disent	sie sagen	ils ont dit	sie haben gesagt

Écrire – Schreiben

Indicatif présent	Übersetzung	Passé composé	Übersetzung
j'écris	ich schreibe	j'ai écrit	ich habe geschrieben
tu écris	du schreibst	tu as écrit	du hast geschrieben
il/elle/on écrit	er/sie/es schreibt	il/elle on a écrit	er/sie/es hat geschrieben
nous écrivons	wir schreiben	nous avons écrit	wir haben geschrieben
vous écrivez	ihr schreibt	vous avez écrit	ihr habt geschrieben

| ils écrivent | sie schreiben | ils ont écrit | sie haben geschrieben |

Faire – Machen

Indicatif présent	Übersetzung	Passé composé	Übersetzung
je fais	ich mache	j'ai fait	ich habe gemacht
tu fais	du machst	tu as fait	du hast gemacht
il/elle/on fait	er/sie/es macht	il/elle/on a fait	er/sie/es hat gemacht
nous faisons	wir machen	nous avons fait	wir haben gemacht
vous faites	ihr macht	vous avez fait	ihr habt gemacht
ils font	sie machen	ils ont fait	sie haben gemacht

Voir – Sehen

Indicatif présent	Übersetzung	Passé composé	Übersetzung
je vois	ich sehe	j'ai vu	ich habe gesehen
tu vois	du siehst	tu as vu	du hast gesehen
il voit	er/sie/es sieht	il a vu	er/sie/es hat gesehen
nous voyons	wir sehen	nous avons vu	wir haben gesehen
vous voyez	ihr seht	vous avez vu	ihr habt gesehen
ils voient	sie sehen	ils ont vu	sie haben gesehen

Adjektive und deren Steigerung

Im Französischen gibt es, wie auch im Deutschen, zwei Steigerungsformen: den „comparatif" und den „superlatif". Beide sind ziemlich einfach zu erlernen. Hinzukommend gibt es noch ein paar Adjektive mit unregelmäßigen Steigerungsformen.

Es ist wichtig zu beachten, dass man das Adjektiv richtig anpasst, da man zwischen der männlichen und weiblichen Form unterscheidet. Die Anpassung erfolgt nach dem gleichen Schema wie bei „ils" und „elles", was wir ja bereit gesehen haben.

Der Comparatif

Das Wort „comparatif" leitet sich vom französischen Verb „comparer" ab, dies bedeutet „vergleichen". Der comparatif ist also das französische Pendant zur deutschen Vergleichsstufe, wie zum Beispiel „besser als" oder „schlechter als".

Im Französischen gibt es 3 Formen der Vergleichsstufe:
- plus...que → mehr...als
- moins...que → weniger...als
- aussi...que → genauso...wie

Hier sind ein paar Beispiele:
- Jacques est plus grand que Martine. → Jacques ist größer als Martine.
- Martine est moins grande que Jacques. → Martine ist kleiner als Jacques.
- Martine est aussi âgée que Jacques. → Martine ist genauso alt wie Jacques.

Der Superlatif

Den Superlatif, im Französischen hinten mit einem F geschrieben, bilden wir ganz einfach. Es gibt dabei 2 Formen:
- le/la/les plus... → der/die/die größte(n)/meiste(n)/ usw.
- le/la/les moins... → der/die/die kleinste(n)/wenigste(n)/usw.

Praktisch sieht das also folgendermaßen aus:

- La Russie est le pays le plus grand du monde. → Russland ist das größte Land der Welt.
- Le Vatican est le pays le moins grand du monde → Der Vatikan ist das kleinste Land der Welt.

Unregelmäßige Steigerungen

Es gibt einige Ausnahmen. Nachfolgend findest du die drei gängigsten aufgelistet:

Positiv	Übersetzung	Komparativ	Superlativ
bon, bonne	gut	meilleur, meilleure	le meilleur, la meilleure
mauvais, mauvaise	schlecht	pire, pire	le pire, la pire
petit*	wenig*	moindre, moindre	le moindre, la moindre

*Das Adjektiv „petit" kann auch „klein" bedeuten. Dann werden die Steigerungsformen nach den oben genannten Regeln gebildet.

Die wichtigsten Adjektive

Hier findest du eine Liste der wichtigsten Adjektive. Dazu haben wir immer einen Beispielsatz gebildet.

Französisches Adjektiv	Deutsche Übersetzung	Französischer Satz	Deutsche Übersetzung
aimant, aimante	liebevoll	Ma grand-mère est très aimante.	Meine Oma ist sehr liebevoll.
ambitieux, ambitieuse	ehrgeizig	Mon patron est un homme ambitieux.	Mein Chef ist ein ehrgeiziger Mann.
mauvais, mauvais	schlecht	Elle est mauvaise en mathématiques	Sie ist schlecht in Mathe.
beau, belle	schön	Cet appartement est le plus beau que nous ayons visité.	Diese Wohnung ist die schönste, die wir besichtigt haben.
grand, grande	groß	L'Allemagne est un grand pays.	Deutschland ist ein großes Land.
ennuyeux, ennuyeuse	langweilig	C'est le sujet le plus ennuyeux	Das ist das langweiligste Thema.
calme, calme	ruhig, still	Reste calme et réfléchis.	Bleibe ruhig und denke nach.
prudent, prudente	vorsichtig	Tu dois être prudent lorsque tu traverses la rue.	Du musst vorsichtig sein, wenn du die Straße überquerst.
sûr, sûre	sicher	Je suis sûr que c'est bon.	Ich bin sicher, dass es gut ist.
cher, chère	teuer	Le lait est plus cher que l'eau.	Milch ist teurer als Wasser.

propre, propre	sauber	Les porcs sont des animaux très propres	Schweine sind sehr saubere Tiere.
intelligent, intelligente	schlau	Il est l'élève le plus intelligent.	Er ist der schlauste Schüler.
froid, froide	kalt	Il fait froid en hiver.	Im Winter ist es kalt.
confus, confuse	verwirrt	Qu'est-ce que cela signifie? Je suis confus.	Was bedeutet das? Ich bin verwirrt.
curieux, curieuse	neugierig	Les singes sont les animaux les plus curieux.	Affen sind die neugierigsten Tiere.
dangereux, dangereuse	gefährlich	L'escalade est plus dangereuse sans corde.	Klettern ist ohne Seil gefährlicher.
différent, différente	anders	C'est différent quand on est jeune.	Es ist anders, wenn man jung ist.
sale, sale	dreckig	Ses vêtements étaient sales après avoir joué dehors.	Seine Kleidung war dreckig, nachdem er draußen gespielt hatte.
sec, sèche	trocken	Le désert est sec.	Die Wüste ist trocken.
facile, facile	leicht, einfach	La vie est plus facile en été.	Im Sommer ist das Leben leichter.
vide, vide	leer	La bouteille est vide.	Die Flasche ist leer.

mauvais, mauvaise	böse	Il a de mauvaises intentions.	Er hat böse Absichten.
excité, excitée	aufgeregt	Elle ne pouvait pas dormir parce qu'elle était tellement excitée.	Sie konnte nicht schlafen, weil sie so aufgeregt war.
expérimenté, expérimentée	erfahren	C'est un joueur plus expérimenté que moi.	Er ist ein erfahrenerer Spieler als ich.
faux, fausse	falsch, gefälscht	Ce billet est faux.	Diese Banknote ist gefälscht.
rapide, rapide	schnell	La voiture la plus rapide gagnera.	Das schnellste Auto wird gewinnen.
libre, libre	frei	Je me sens toujours libre en vacances.	Im Urlaub fühle ich mich immer frei.
gentil, gentille	freundlich, nett	Marc est plus gentil que Jacques.	Marc ist freundlicher als Jacques.
plein, pleine	voll	Le verre est plein.	Das Glas ist voll.
drôle, drôle	lustig	Il raconte les blagues les plus drôles.	Er erzählt die lustigsten Witze.
bien, bonne	gut	Tu es tout simplement le/la meilleur/meilleure.	Du bist einfach der/die Beste.
magnifique, magnifique	großartig	J'ai passé une magnifique soirée avec elle.	Ich hatte einen großartigen Abend mit ihr.
heureux, heureuse	glücklich	Je suis le plus heureux quand le soleil brille.	Ich bin am glücklichsten, wenn die Sonne scheint.

difficile, difficile	hart, schwierig	Cette tâche est trop difficile pour moi.	Diese Aufgabe ist zu schwer für mich.
sain, saine	gesund	Ils essaient de manger plus sainement.	Sie versuchen, sich gesünder zu ernähren.
lourd, lourde	schwer	Le béton est lourd.	Beton ist schwer.
haut, haute	hoch	Le mont Everest est la plus haute montagne du monde.	Der Mount Everest ist der höchste Berg der Welt.
honnête, honnête	ehrlich	Elle est une personne honnête.	Sie ist ein ehrlicher Mensch.
chaud, chaude	heiß	L'eau devient plus chaude jusqu'à ebullition.	Wasser wird heißer, bis es kocht.
important, importante	wichtig	Il est important de s'amuser.	Es ist wichtig, Spaß zu haben.
mouillé, mouillée	Feucht, nass	Ma serviette est mouillée.	Mein Handtuch ist feucht.
étroit, étroite	eng, schmal	La ruelle était plus étroite que la rue.	Die Gasse war schmaler als die Straße.
nouveau, nouvelle	neu	Il aime son nouveau jouet.	Er liebt sein neues Spielzeug.
bruyant, bruyante	laut	Les villes sont bruyantes.	Städte sind laut.
âgé, âgée	alt	Jacques est plus âgé que moi.	Jacques ist älter als ich.
ouvert,	offen	Mes parents sont	Meine Eltern sind

ouverte		plus ouverts aujourd'hui.	heute offener.
politique, politique	politisch	Es-tu politique?	Bist du politisch?
pauvre, pauvre	arm	Les sans-abri sont pauvres.	Obdachlose sind arm.
joli, jolie	hübsch	Tu es jolie ce soir	Du siehst heute Abend hübsch aus.
privé, privée	privat	Ceci est une plage privée.	Dies ist ein privater Strand.
public, publique	öffentlich	L'autre plage est publique.	Der andere Strand ist öffentlich.
calme, calme	leise, ruhig	C'est calme ici.	Hier ist es ruhig.
pluvieux, pluvieuse	regnerisch	Le jour le plus pluvieux de l'année a été en septembre.	Der regnerischste Tag des Jahres war im September.
fiable, fiable	zuverlässig	Tu peux compter sur nous. Nous sommes fiables	Du kannst auf uns zählen. Wir sind zuverlässig.
rond, ronde	rund	Un cercle est la forme la plus ronde.	Ein Kreis ist die rundeste Form.
impoli, impolie	unhöflich	Il était plus impoli qu'elle.	Er war unhöflicher als sie.
grave, grave / sérieux, sérieuse	ernst	Notre état n'est pas grave/sérieux.	Unser Zustand ist nicht ernst.
épicé, épicée	spitz, scharf, schrill	Ce plat est épicé.	Dieses Essen ist scharf.

lent, lente	langsam	C'est le train le plus lent.	Dies ist der langsamste Zug.
petit, petite	klein	Une souris est plus petite qu'un rat.	Eine Maus ist kleiner als eine Ratte.
doux, douce	weich, sanft	Cette chanson est douce.	Dieses Lied ist sanft
acide, acide	sauer	Les citrons sont plus acides que les oranges.	Zitronen sind saurer als Orangen.
droit, droite	gerade	La rue est droite	Die Straße ist gerade.
fort, forte	stark, kräftig,	Il est un homme fort.	Er ist ein starker Mann.
réussi, réussie	erfolgreich	Nous avons une entreprise réussie.	Wir haben eine erfolgreiche Firma.
ensoleillé, ensoleillée	sonnig	Aujourd'hui est plus ensoleillé qu'hier.	Heute ist es sonniger als gestern.
sucré, sucrée	süß	J'aime la nourriture sucrée.	Ich mag süßes Essen.
grand, grande	groß (Körpergröße)	Marc est plus grand que Paul.	Marc ist größer als Paul.
terrible, terrible	schrecklich, furchtbar	Le temps aujourd'hui est terrible.	Das Wetter heute ist furchtbar.
gros, grosse	dick	Jean est plus gros que Claude.	Jean ist dicker als Claude.
mince, mince	dünn	Les athlètes d'élite sont les personnes les plus minces.	Elitesportler sind die dünnsten Menschen.

rangé, rangée	ordentlich, aufgeräumt	Ma chambre est toujours bien rangée	Mein Zimmer ist immer aufgeräumt.
fatigué, fatiguée	müde	Il est plus fatigué le matin que le soir.	Er ist morgens müder als abends.
moche, moche	hässlich	Les cygnes sont laids comme des bébés	Schwäne sind als Babys hässlich.
précieux, précieuse	wertvoll	L'or est plus précieux que l'argent.	Gold ist wertvoller als Silber.
chaud, chaude	warm	Cette nourriture est chaude.	Dieses Essen ist warm.
faible, faible	schwach, kraftlos	J'étais faible quand j'étais malade.	Ich war schwach, als ich krank war.
merveilleux, merveilleuse	wundervoll	J'ai passé la journée la plus merveilleuse hier.	Ich hatte gestern den wundervollsten Tag.
jeune, jeune	jung	Ma mère est plus jeune que mon père.	Meine Mutter ist jünger als mein Vater.

Farben

Untenstehend findest du die wichtigsten Farben im Französischen.

schwarz	noir
weiß	blanc

rot	rouge
blau	bleu
gelb	jaune
grün	vert
lila	violet
orange	orange
grau	gris
braun	brun

Zahlen

In diesem Abschnitt befassen wir uns mit den französischen Zahlen von 1 bis 100 in ausgeschriebener Form. Das französische Zahlensystem erscheint am Anfang ziemlich kompliziert. Aber keine Angst, mit etwas Übung wirst du es schneller als erwartet verstehen. Zuerst schauen wir uns die Zahlen 1 bis 19 an.

1	eins	un
2	zwei	deux
3	drei	trois
4	vier	quatre
5	fünf	cinq
6	sechs	six
7	sieben	sept
8	acht	huit
9	neun	neuf

10	zehn	dix
11	elf	onze
12	zwölf	douze
13	dreizehn	treize
14	vierzehn	quatorze
15	fünfzehn	quinze
16	sechzehn	seize
17	siebzehn	dix-sept
18	achtzehn	dix-huit
19	neunzehn	dix-neuf

Ab 17 werden die Zahlen im Französischen zusammengesetzt – das bedeutet, dass die Wörter für die Zahl 10 und die Zahl 7 aneinandergehängt werden. Allerdings ist hier der Zehnerschritt vorangestellt, das Wort für die zweite Ziffer folgt danach (umgekehrt wie im Deutschen). Siebzehn heißt also zum Beispiel dix-sept.

Es folgen die Zahlen 20 bis 100. Hier wird es jetzt komplizierter. Die einzelnen Zahlen innerhalb jedes Zehnerschrittes werden nach demselben Prinzip gebildet wie 17, 18 und 19. Die Zahl 22 heißt also zum Beispiel vingt-deux. Es gibt aber eine Ausnahme: bei den Zahlen 21, 31, 41, 51 und 61 wird zwischen beide Zahlen noch ein „et" (und) gesetzt. 21 heißt also zum Beispiel vingt-et-un.

Die Zehnerschritte 70, 80 und 90 bilden ebenfalls eine Ausnahme. Hier ist etwas Rechengeschick erforderlich. 70 heißt nämlich soixante-dix (60 + 10), 80 heißt quatre-vingts (4 mal 20) und 90 ist quatre-vingt-dix (4 mal 20 + 10). Die Zahlen 71 bis 79 und 91 bis 99 werden mit dem Zehner und den Zahlen zwischen 11 und 19 gebildet. Die Zahl 75 wäre zum Beispiel soixante-quinze. Du wirst wahrscheinlich etwas länger brauchen, um alle Zahlen zu beherrschen, aber lass dich dadurch nicht entmutigen!

20	zwanzig	vingt
30	dreißig	trente
40	vierzig	quarante
50	fünfzig	cinquante
60	sechzig	soixante
70	siebzig	soixante-dix
80	achtzig	quatre-vingts
90	neunzig	quatre-vingt-dix
100	einhundert	cent

Familie

In diesem Abschnitt stellen wir dir die wichtigsten Vokabeln für die Familie. Wir beginnen mit dem engsten Familienkreis.

Französisches Wort	Deutsche Übersetzung	Französischer Satz	Deutsche Übersetzung
la mère	Mutter	Ma mère aime cuisiner.	Meine Mutter kocht gern.
maman	Mama	Maman, est-ce que je peux aller jouer ?	Mama, darf ich spielen gehen?
le père	Vater	Mon père est un enseignant.	Mein Vater ist Lehrer.
papa	Papa	Quand papa rentre-	Wann kommt

			t-il à la maison ?	Papa nach Hause?
le parent		Elternteil	Un parent peut être une mère ou un père.	Ein Elternteil kann Mutter oder Vater sein.
les parents		Eltern	Mère et père sont tous les deux des parents	Mutter und Vater sind beide Eltern.
l'enfant		Kind	Je suis l'enfant de mes parents.	Ich bin das Kind meiner Eltern.
les enfants		Kinder	Mon frère et moi sommes les enfants de nos parents.	Mein Bruder und ich sind die Kinder unserer Eltern.
le fils		Sohn	Jacques est le fils de ses parents.	Jacques ist der Sohn seiner Eltern.
la fille		Tochter	Martine est la fille de ses parents.	Susan ist die Tochter ihrer Eltern.
la sœur		Schwester	Martine est la sœur de Jacques.	Martine ist Jaques Schwester.
le frère		Bruder	Jacques est le frère de Martine.	Jaques ist Martines Bruder.
le grand-père		Großvater	Mon grand-père est le père de ma mère ou le père de mon père.	Mein Großvater ist der Vater meiner Mutter oder meines Vaters.
la grand-mère		Großmutter	Ma grand-mère est la mère de ma mère ou la mère de	Meine Großmutter ist die Mutter meiner

		mon père.	Mutter oder meines Vaters.
les grands-parents	Großeltern	Ma grand-mère et mon grand-père sont mes grands-parents.	Meine Großmutter und mein Großvater sind meine Großeltern.
le petit fils	Enkelsohn	Jacques est le petit-fils de ses grands-parents.	Jaques ist der Enkelsohn seiner Großeltern.
la petite-fille	Enkeltochter	Martine est la petite-fille de ses grands-parents.	Martine ist die Enkeltochter ihrer Großeltern.
le petit-enfant	Enkelkind (beide Geschlechter)	Je suis le petit-enfant de mes grands-parents.	Ich bin das Enkelkind meiner Großeltern.
les petits-enfants	Enkelkinder (beide Geschlechter)	Mon frère et moi sommes les petits-enfants de nos grands-parents.	Mein Bruder und ich sind die Enkelkinder unserer Großeltern.
l'oncle	Onkel	Mon oncle est le frère de ma mère ou le frère de mon père.	Mein Onkel ist der Bruder meiner Mutter oder meines Vaters.
la tante	Tante	Ma tante est la sœur de ma mère ou la sœur de mon père.	Meine Tante ist die Schwester meiner Mutter oder meines Vaters.

le cousin, la cousine	Cousin, Cousine	Mon cousin / ma cousine est l'enfant de ma tante ou de mon oncle.	Mein(e) Cousin(e) ist das Kind meiner Tante oder meines Onkels.
le neveu	Neffe	Jacques est le neveu de sa tante et de son oncle.	Jacques ist der Neffe seiner Tante und seines Onkels.
la nièce	Nichte	Martine est la nièce de sa tante et de son oncle.	Martine ist die Nichte ihrer Tante und ihres Onkels.

Freunde

Jetzt behandeln wir die geläufigsten Wörter für den Freundeskreis:

l'ami, l'amie	Freund, Freundin	J'aime jouer avec mes ami/ mes amies.	Ich spiele gerne mit meinem Freund/mit meiner Freundin.
la petite amie	Freundin (Partnerschaft)	Jacques vit avec sa petite amie.	Jacques lebt mit seiner Freundin zusammen.
le petit ami	Freund (Partnerschaft)	Martine vit avec son petit ami.	Martine lebt mit ihrem Freund zusammen.
le pote	Kumpel	J'aime sortir avec mon pote.	Ich gehe gern mit meinem

				Kumpel aus.
le voisin	Nachbar	Mon voisin habite à côté.	Mein Nachbar wohnt nebenan.
la relation/ être en couple	Beziehung	Ma petite amie et moi sommes en couple.	Meine Freundin und ich sind in einer Beziehung.
l'amitié	Freundschaft	L'amitié est importante dans la vie.	Freundschaft ist im Leben wichtig.

Essen und Trinken

Wer sich im Alltag auf Französisch verständigen möchte, der sollte auch über ein Grundverständnis von Wörtern und Sätzen im Bereich Essen und Trinken verfügen. Die wichtigsten Eckpunkte sind im Folgenden aufgelistet.

le muesli, les céréales	das Müsli
le pain	das Brot
le toast	der Toast
le petit pain	das Brötchen
les pommes de terre	die Kartoffeln
les œufs	die Eier
le riz	der Reis
les pâtes	die Nudeln
les frites	die Pommes

les fruits	das Obst
la pomme	der Apfel
la banane	die Banane
les fraises	die Erdbeeren
l'ananas	die Ananas
les légumes	das Gemüse
les carottes	die Karotten
les tomates	die Tomaten
le chou-fleur	der Blumenkohl
le concombre	die Gurke
les haricots	die Bohnen
le lait	die Milch
le fromage	der Käse
la yaourt	der Joghurt
la viande	das Fleisch
la viande de porc	das Schweinefleisch
la viande de bœuf	das Rindfleisch
le poulet	das Hähnchen
le jambon	der Schinken
le poisson	der Fisch
le gâteau	der Kuchen
les friandises	die Süßigkeiten
la glace	die Eiskrem
le chocolat	die Schokolade
le jus	der Saft
le coca	die Cola
le café	der Kaffee

le thé	der Tee
la limonade	die Limo
aller manger	essen gehen
le supplément	die Beilage
commander	bestellen
recommander	empfehlen
fast-Food	das Fast Food
le plat principal	das Hauptgericht
le serveur	der Kellner
la serveuse	die Kellnerin
délicieux	köstlich
le dessert	das Dessert
l'addition	die Rechnung
le restaurant	das Restaurant
la serviette	die Serviette
la carte de menu	die Speisekarte
la table	der Tisch
le pourboire	das Trinkgeld
sans alcool	alkoholfrei
le tabouret de bar	der Barhocker
servir	bedienen
ivre	betrunken
dessous de verre	der Bierdeckel
s'il vous plait	bitte
merci	danke
bière pression	vom Fass
décaféiné	entkoffeiniert

tchin/ tchin-tchin	Prost
la ronde	die Runde

Vielleicht möchte man wissen, was die gegenüberstehende Person am liebsten isst oder trinkt. Das ist immer ein guter Gesprächsanfang. Die passenden Bausteine für eine solche Unterhaltung sind:

- Qu'est-ce que tu aimes boire le plus?
→ Was trinkst du am liebsten?

- Qu'est-ce que tu aimes manger le plus?
→ Was isst du am liebsten?

Oder dementsprechend als Antwort, wenn man selbst gefragt wird:

- Ma boisson préférée est la limonade.
→ Ich trinke am liebsten Limo.

- Mon plat préféré est la pizza.
→ Ich esse am liebsten Pizza.

Natürlich kann man die Frage- und Antwortstellung auch umkehren und fragen, was die andere Person nicht mag, bzw. was man selbst nicht gerne isst oder trinkt:

- Qu'est-ce que tu n'aimes pas ?
→ Was magst du nicht?

- Y a-t-il quelque chose que tu n'aimes pas ?

→ Gibt es etwas, das du nicht magst?

Die Antwortmöglichkeiten wären dementsprechend:

- Je n'aime pas les œufs.
→ Ich mag keine Eier.

- Je n'aime pas trop manger du poisson.
→ Ich esse nicht besonders gern Fisch.

Die Bezeichnungen für Mahlzeiten auf Französisch:
- Le petit déjeuner
→ Das Frühstück
- Le déjeuner
→ Das Mittagessen
- Le goûter
→ Die Brotzeit, die Zwischenmahlzeit
- Le dîner
→ Das Abendessen

Freizeit und Hobbys

Was tust du gerne in deiner Freizeit? Einkaufen, Konzerte oder Veranstaltungen besuchen, spielen? Hast du Hobbys, denen du gerne nachgehst? Damit dir die französische Sprache bei deinen

Lieblingsaktivitäten nicht im Weg steht, findest du hier die wichtigsten Vokabeln zum Thema Freizeit und Hobbys.

l'achat	der Einkauf
payer	bezahlen
faire du shopping	einkaufen gehen
le caddie	der Einkaufswagen
la garantie	die (Hersteller-)Garantie
d'occasion	gebraucht
le chèque cadeau	der Geschenkgutschein
la caisse	die Kasse
acheter	kaufen
coûter	kosten
parcourir	stöbern
dans l'offre	im Angebot
l'offre spéciale	das Sonderangebot
la remise	der Rabatt
cher, chère	teuer
en stock	vorrätig
retourner	zurückgeben
échanger	umtauschen
indisponible	ausverkauft
la scène	die Bühne
la liste des invités	die Gästeliste
le ticket	die Eintrittskarte
le stroboscope	das Stroboskop
danser	tanzen

le videur	der Türsteher
la discothèque	die Disco
le lieu d'événement	der Veranstaltungsort
le jeu de société	das Brettspiel
le flipper	der Flipper
la carte	die Karte
les mots croisés	das Kreuzworträtsel
la fente	der Münzschlitz
le puzzle	das Puzzle
la règle	die Regel
l'échec	Schach
tricher	schummeln
l'amusement	der Spaß
jouer	spielen
le tir à la corde	das Tauziehen
le cache-cache	das Versteckspiel
le jeu vidéo	das Videospiel
le cube	der Würfel
pêcher	angeln
le basket	Basketball
le football	Fußball
le volley	Volleyball
le tennis	Tennis
le tennis de table	Tischtennis
la télévision	Fernseher
regarder la télévision	fernsehen
faire de la musique	musizieren

la guitare	Gitarre
le piano	Klavier
la flûte	Flöte
la batterie	Schlagzeug
le cinéma	Kino
aller au cinéma	ins Kino gehen
le livre	das Buch
lire	lesen
peindre	malen
faire du vélo	Rad fahren
voyager	reisen
chanter	singen
faire du jardinage	Gartenarbeit machen
planter	pflanzen
arroser	bewässern
se détendre	sich entspannen
Le hobby préféré	Lieblingshobby
Le temps libre	Freizeit
j'aime écouter de la musique	Ich höre gerne Musik.
le week-end, j'aime aller à/au ...	Am Wochenende gehe ich gerne...
je m'intéresse aux animaux.	Ich interessiere mich für Tiere.
jouer au basket est amusant.	Basketballspielen macht Spaß.
un de mes hobbies est ...	Eines meiner Hobbys ist...
tous les soirs	jeden Abend
une fois par semaine	einmal die Woche
de temps en temps	hin und wieder
parfois	manchmal

Urlaub und Verkehr

Gerade im sommerlichen Frankreich-Urlaub ist es wichtig, das richtige Vokabular zu besitzen, um zum Beispiel Wegbeschreibungen von Einwohnern zu verstehen. Hier findest du die wichtigsten Vokabeln zum Thema Urlaub und Verkehr.

la rue	die „kleine" Straße
la route	die „große" Straße
la route nationale	die Bundesstraße
l'autoroute	die Autobahn
la route en sens unique	die Einbahnstraße
la route à péage	die mautpflichtige Straße
la station de lavage	die Autowaschanlage
l'essence	das Benzin
le gasoil, le diesel	der Diesel
le pétrole	das Öl
la pompe à essence	die Tankstelle
sans plomb	bleifrei
le vélo, la bicyclette	das Fahrrad
la roulotte	der Wohnwagen
l'autobus	der Bus
l'automobile, la voiture	das Auto
la moto	das Motorrad
le scooter	der Motorroller
le taxi	das Taxi
le tracteur	der Traktor
le camion	der Lastwagen

le coin de rue	die Straßenecke
le croisement	die Gabelung
le carrefour	die Kreuzung
l'emplacement	der Parkstreifen
le trottoir	der Bürgersteig
le passage piétons	der Fußgängerüberweg
le bord de la route	der Straßenrand
les travaux routiers	die Straßenarbeiten
l'aire de services	die Raststätte
la vitesse limite	die Geschwindigkeitsbegrenzung
le feu	die Ampel
tourner	abbiegen
la location de voiture	die Autovermietung
le conducteur, la conductrice	der Fahrer, die Fahrerin
le mécanicien, la mécanicienne	der Mechaniker, die Mechanikerin
l'assurance	die Versicherung
le piéton	der Fußgänger
la carte routière	die Straßenkarte
la vitesse	die Geschwindigkeit
le traffic	der Verkehr
le véhicule	das Fahrzeug
l'accident	der Unfall
la panne	die Panne
le cric	der Wagenheber
le câble de démarrage	das Starthilfekabel
le pneu à plat	der Platten
le brouillard	der Nebel

gelé, gelée	vereist
le bouchon	der Stau
entrer en collision	zusammenstoßen
avoir un accident	einen Unfall haben
glisser	rutschen
caler	abwürgen
contourner	ausweichen
accélérer	beschleunigen
freiner	bremsen
commuter	schalten
conduire	fahren
passer	überholen
en marche arrière	rückwärts fahren
ralentir	abbremsen
diriger	lenken
le parking	der Parkplatz
garer	parken
le parcomètre	die Parkuhr
l'emplacement	der Stellplatz
le ticket	der Strafzettel
le permis de conduire	der Führerschein
l'examen de conduite	die Fahrprüfung
le train	der Zug
l'avion	das Flugzeug
l'aéroport	der Flughafen
le vol	der Flug
l'arrivé/ le départ	Ankunft/Abflug

je cherche…	Ich suche…
le baggage	das Gepäck
les vacances	der Urlaub
le retard	die Verspätung
ponctuel, ponctuelle	pünktlich
la sécurité	die Sicherheit
la police	die Polizei
l'hébergement	die Unterkunft
la nuit	die Nacht
la semaine	die Woche
l'hôtel	das Hotel

Arbeitswelt

Solltest du einmal, durch deinen Beruf, mit einem französischen Muttersprachler zu tun haben, macht es immer einen guten Eindruck ein Basisvokabular zum Thema Arbeit zu haben. Die wichtigsten Begriffe findest du hier in unserer Tabelle.

l'employé, l'employée	der Angestellte, die Angestellte
le travailleur	der Arbeiter
l'employeur	der Arbeitgeber
la profession	der Beruf
faire la navette	pendeln
le banlieusard, la banlieusarde	der Pendler, die Pendlerin
la formation	die Ausbildung

l'apprenti	der Lehrling
l'application	die Bewerbung
postuler pour un emploi	sich um eine Stelle bewerben
(poste de) vacance	freie Stelle
l'apprentissage	die Lehrstelle
l'entretien	das Vorstellungsgespräch
le salaire	das Gehalt
travailler par quarts	die Schichtarbeit
faire des heures supplémentaires	Überstunden machen
à plein temps	Vollzeit
le propriétaire, la propriétaire	der Eigentümer, die Eigentümerin
le manager, la manager	der Manager, die Managerin
le volontaire, la volontaire	der/die ehrenamtliche/r Mitarbeiter/in
le contrat de travail	der Arbeitsvertrag
temporaire	befristet
le département	die Abteilung
l'expérience	die Erfahrung
le stage	das Praktikum
la rencontre	die Besprechung
le bureau	das Büro
retraité, retraitée	im Ruhestand

Sprichwörter

Sprichwörter können schwierig sein, denn oftmals werden sie nicht wörtlich vom Deutschen ins Französische übersetzt. Hier eine Liste der gängigsten französischen und deutschen Sprichwörter.

Jamais deux sans trois.	Aller guten Dinge sind drei.
Tous les chemins mènent à Rome.	Alle Wege führen nach Rom.
Œil pour œil, dent pour dent.	Auge um Auge, Zahn um Zahn.
Premier venu, premier servi.	Der frühe Vogel fängt den Wurm.
Faire d'une pierre deux coups.	Zwei Fliegen mit einer Klappe schlagen.
Tel père, tel fils.	Der Apfel fällt nicht weit vom Stamm.
La fin justifie les moyens.	Der Zweck heiligt die Mittel.
À cheval donné on ne regarde pas la bride.	Einem geschenkten Gaul schaut man nicht ins Maul.
Tout ce qui brille n'est pas d'or.	Es ist nicht alles Gold, was glänzt.
Il n'y a pas loin du Capitole à la Roche Tarpéienne.	Hochmut kommt vor dem Fall.
À qui se lève matin, Dieu donne la main.	Morgenstund hat Gold im Mund.
Il n'est pire eau que celle qui dort.	Stille Wasser sind tief.
Quand on parle du loup, on en voit la queue.	Wenn man vom Teufel spricht, kommt er.
Tel est pris qui croyait prendre.	Wer anderen eine Grube gräbt, fällt selbst hinein.
Quand le vin est tiré, il faut le	Wer A sagt, muss auch B sagen

boire.	
Appeler un chat un chat.	Das Kind beim Namen nennen.
Avoir un chat dans la gorge.	Einen Frosch im Hals haben.
C'est la vie.	So ist das Leben.
Ce n'est que partie remise.	Aufgeschoben ist nicht aufgehoben.
Chapeau !	Hut ab!
Donnant, donnant.	Eine Hand wäscht die andere.
Garder la pêche.	Die Haltung bewahren.
L'occasion fait le larron.	Gelegenheit macht Diebe.
On fait des sottises à tout âge.	Alter schützt vor Torheit nicht.
On ne fait rien avec rien.	Von nichts kommt nichts.
La parole est d'argent, le silence est d'or.	Reden ist Silber, Schweigen ist Gold.
Les mensonges ne mènent pas loin.	Lügen haben kurze Beine.
Enfermer le loup dans la bergerie.	Den Bock zum Gärtner machen.
C'est un secret de Polichinelle.	Die Spatzen pfeifen es von den Dächern.
C'est bonnet blanc et blanc bonnet.	Gehüpft wie gesprungen.
Chaque chose en son temps	Alles zu seiner Zeit.
Chacun est l'artisan de sa fortune.	Jeder ist seines Glückes Schmied.
Une fois n'est pas coutume.	Einmal ist keinmal.
Il y a que la vérité qui blesse.	Nur die Wahrheit verletzt.
D'ici là, il coulera encore beaucoup d'eau sous les ponts.	Bis dahin fließt noch viel Wasser den Bach hinunter.

Rira bien qui rira le dernier.	Wer zuletzt lacht, lacht am besten.
C'est le ton qui fait la musique.	Der Ton macht die Musik.
À deux pas d'ici.	Ein Katzensprung von hier.
Contre vents et marées.	Auf Biegen und Brechen.
Être dans la dèche.	Knapp bei Kasse sein.
Expérience passe science.	Probieren geht über Studieren.
Faire la tournée des grands-ducs.	Das Nachtleben kennenlernen.
Garder les pieds sur terre.	Auf dem Teppich bleiben
Jouer quitte ou double.	Alles auf eine Karte setzen
Mauvaise herbe pousse toujours.	Unkraut vergeht nicht.
Mettre son grain de sel.	Seinen Senf dazugeben.
Ne pas mélanger les torchons et les serviettes.	Nicht alles in einen Topf werfen.
Qui fait la faute la boit.	Was man sich einbrockt, muss man auch auslöffeln.
Rouler sur l'or.	Geld wie Heu haben.
Sortir de ses gonds.	Aus der Haut fahren.
L'habit ne fait pas le moine.	Eine Schwalbe macht noch keinen Sommer.

Übungen

Jetzt ist es an der Zeit, das Gelernte in ein paar Übungen anzuwenden. Hier findest du zu Grammatik und Vokabeln verschiedene Übungen. Die Lösungen findest du weiter unten. Übung macht den Meister oder wie der Franzose sagen würde: „c'est en forgeant que l'on devient forgeron". Viel Erfolg!

Personal- und Reflexivpronomen

Fülle die Lücken mit dem jeweiligen Personal- oder Reflexivpronomen.

_____ a fini ses études. (Marc)
_____ est rouge. (la fraise)
_____ sont belles. (les filles)
_____ travaillons à la banque. (mon frère et moi)
_____ habitent au zoo. (les singes)
Philippe et Jeanne _____ sont promenés.
_____ est la plus rapide. (La voiture)
Je _____ suis arrêté devant la boutique

Verben umwandeln

Ich habe gegessen → _____
Wir spielen → _____
Sie hat gesagt → _____

Sie (Mehrzahl, weiblich) sind gegangen → _____

Du hast versucht → _____

Er bezahlt → _____

Du verlierst → _____

Wir mögen → _____

Ihr beendet → _____

Wir haben geschrieben → _____

Adjektive

Bilde beide Steigerungen der jeweiligen Adjektive. Achte auf das Geschlecht des Adjektivs!

rapide → _____ → _____
bonne → _____ → _____
chère → _____ → _____
petit → _____ → _____
dangereux → _____ → _____
mauvaise → _____ → _____
ouverte → _____ → _____
magnifique → _____ → _____
différent → _____ → _____
lourde → _____ → _____

Sprichwörter

Ergänze diese Sprichwörter.

* Faire d'une pierre deux...
* Il y a que la ... qui blesse
* Qui fait la faute la...
* À qui se lève matin, ... donne la main.
* Tel ..., tel fils.
* L'occasion fait le ...

Sprichwörter

Übersetze diese Sprichwörter.

* Œil pour œil, dent pour dent.
* Das Kind beim Namen nennen.
* Aller guten Dinge sind drei.
* Donnant, donnant.
* La fin justifie les moyens.
* Seinen Senf dazugeben.

Lückentext

Fülle die Lücken im folgenden Text.

Ma famille et moi, nous _____ (machen) nos vacances en Provence. Nous conduisons en _____ (Wohnwagen). Nous aimons la mer et le _____ (Sonne). Chaque année, nous visitons Marseille. La ville est bien connue pour son port, son opéra et l'île d'If. En Provence, nous mangeons toujours beaucoup du _____ (Fisch), qui est _____ (der beste) dans cette région. Nous restons toujours huit jours en Provence, pour profiter de la vie. À Aix-en-Provence, une ville ancienne, nous nous promenons sur le Cours Mirabeau, qui est la plus belle _____ (große Straße) dans la ville. Le soir, nous allons au Mistral, une grande discothèque. Après nos visites à Marseille et Aix-en-Provence, nous jouons au _____ (Tischtennis) près de _____ (Stellplatz) de notre roulotte. Malheureusement, nous partons déjà en Allemagne et nos vacances _____ (beenden) trop tôt.

Lückentext

Fülle die Lücken im folgenden Text.

Je m'_____ (heißen) Christine. Ma famille se compose de cinq personnes. Mon mari et moi, _____ (wir) avons trois enfants, un garçon de _____ (dreizehn) ans, une fille de _____ (elf) ans et un garçon de _____ (vier) ans. Nous vivons dans une maison avec un grand jardin. Je travaille comme _____ (Angestellte) dans une boutique. Mon mari est policier qui contrôle les _____ (Autobahnen) et il adore faire les _____ (Kreuzworträtsel). Le dimanche nous jouons avec nos enfants dans le jardin. Nous jouons surtout au _____ (Fußball).

Lösungen

Personalpronomen

- **Il** a fini ses études. (Marc)
- **Elle** est rouge. (la fraise)
- **Elles** sont belles. (les filles)
- **Nous** travaillons à la banque. (mon frère et moi)
- **Ils** habitent au zoo. (les singes)
- Philippe et Jeanne **se** sont promenés.
- **Elle** est la plus rapide. (La voiture)
- Je **me** suis arrêté devant la boutique

Verben umwandeln

- Ich habe gegessen → **J'ai mangé**
- Wir spielen → **Nous jouons**
- Sie hat gesagt → **Elle a dit**
- Sie (Mehrzahl weiblich) sind gegangen → **Elles sont allées**
- Du hast versucht → **Tu as essayé**
- Er bezahlt → **Il paye**
- Du verlierst → **Tu perds**
- Wir mögen → **Nous aimons**
- Ihr beendet → **Vous finissez**
- Wir haben geschrieben → **Nous avons écrit**

Adjektive

rapide → **plus rapide que** → **le plus rapide**
bonne → **meilleure que** → **la meilleure**
chère → **plus chère que** → **la plus chère**
petit → **moindre que** → **le moindre**
dangereux → **plus dangereux que** → **le plus dangereux**
mauvaise → **pire que** → **la pire**
ouverte → **plus ouverte** → **la plus ouverte**
magnifique → **plus magnifique** → **le plus magnifique**
différent → **plus différent** → **le plus différent**
lourde → **plus lourde que** → **la plus lourde**

Sprichwörter und Redewendungen

* Faire d'une pierre deux **coups.**
* Il y a que la **vérité** qui blesse
* Qui fait la faute la **boit.**
* À qui se lève matin, **Dieu** donne la main.
* Tel **père**, tel fils.
* L'occasion fait le **larron.**

Sprichwörter und Redewendungen

* Œil pour œil, dent pour dent.
→ **Auge um Auge, Zahn um Zahn.**

* Das Kind beim Namen nennen.
→ **Appeler un chat un chat.**

* Aller guten Dinge sind drei.
→ **Jamais deux sans trois**

* Donnant, donnant.
→ **Eine Hand wäscht die andere.**

* La fin justifie les moyens.
→ **Der Zweck heiligt die Mittel.**

* Seinen Senf dazugeben.
→ **Mettre son grain de sel.**

Lückentext

Ma famille et moi, nous **faisons** nos vacances en Provence. Nous conduisons en **roulotte**. Nous aimons la mer et le **soleil**. Chaque année, nous visitons Marseille. La ville est bien connue pour son port, son opéra et l'île d'If. En Provence, nous mangeons toujours beaucoup du **poisson**, qui est **le meilleur** dans cette région. Nous restons toujours **huit** jours en Provence, pour profiter de la vie. À Aix-en-Provence, une ville ancienne, nous nous promenons sur le Cours Mirabeau, qui est la plus belle **route** dans la ville. Le soir, nous allons au Mistral, une grande **discothèque**. Après nos visites à Marseille et Aix-en-Provence, nous jouons au **tennis de table** près de **l'emplacement** de notre roulotte. Malheureusement, nous partons déjà en Allemagne et nos vacances **finissent** trop tôt.

Lückentext

Je m'**appelle** Christine. Ma famille se compose de cinq personnes. Mon mari et moi, **nous** avons trois enfants, un garçon de **treize** ans, une fille de **onze** ans et un garçon de **quatre** ans. Nous vivons dans une maison avec un grand jardin. Je travaille comme **employée** dans une boutique. Mon mari est policier qui contrôle les **autoroutes** et il adore faire les **mots croisés**. Le dimanche nous jouons avec nos enfants dans le jardin. Nous jouons surtout au **football**.

Schlusswort

Wir hoffen, dass wir dich mit diesem Grundvokabular und den wichtigsten Grammatik-Regeln, für die französische Sprache begeistern konnten. Du wirst bemerkt haben, dass Französisch ganz sicher nicht die einfachste Sprache zum Erlernen ist. Jedoch ist es eine sehr interessante und begeisternde Sprache. Das Beherrschen der Sprache ist also absolut lohnenswert.

Wenn du weiter motiviert und regelmäßig an deinen Französischkenntnissen arbeitest, wirst du dich immer weiter verbessern. Du wirst sehen, wie schnell du mit unseren Lerntipps und deiner Motivation, zu Erfolgen gelangen wirst.

Wir wünschen dir dabei viel Glück, oder besser gesagt: Bonne Chance!

Abschließend wollen wir uns noch einmal bei dir für den Kauf unseres Buches bedanken. Wie du sicher bereits mitbekommen hast, sind Produktrezensionen die Grundlage für unseren Erfolg auf Amazon. Daher möchten wir dich herzlich bitten, uns dein ehrliches sowie konstruktives Feedback zu diesem Buch in Form einer Rezension mitzuteilen. Vielen Dank!

ÜBER UNS

Die Autorengruppe LANGUAGE GUIDES ist ein Zusammenschluss bestehend aus selbstständigen internationalen Schriftstellern. Die Motivation und die Zielsetzung der LANGUAGE GUIDES besteht darin, ihre Muttersprache transparent, einfach sowie abwechslungsreich an ihre deutschen Leser weiterzugeben. Um dies zu erreichen, werden dem Leser in den Büchern essentielle Grundlagen der Grammatik und das entscheidende Vokabular für den Alltag in der jeweiligen Fremdsprache von Muttersprachlern vermittelt. Anhand von durchdachten spielerischen Lernhilfen, wie beispielshaft Kurzgeschichten in Verbindung mit anschließenden Verständnisfragen sowie praktischen Übungsaufgaben, wird die Sprache tiefgründig erlernt. Nebenbei bekommt der Leser Einblicke in die Kultur und Gepflogenheiten des Landes. Die Hauptzielgruppe der Language Guides sind Anfänger, die bisher wenige bzw. keine Vorkenntnisse haben. Die Bücher bieten des Weiteren auch die Gelegenheit vorhandene Sprachkenntnisse aufzufrischen.

HAFTUNGSAUSSCHLUSS

Die Umsetzung aller enthaltenen Informationen, Anleitungen und Strategien dieses E-Books erfolgt auf eigenes Risiko. Für etwaige Schäden jeglicher Art kann der Autor aus keinem Rechtsgrund eine Haftung übernehmen. Für Schäden materieller oder ideeller Art, die durch die Nutzung oder Nichtnutzung der Informationen bzw. durch die Nutzung fehlerhafter und/oder unvollständiger Informationen verursacht wurden, sind Haftungsansprüche gegen den Autor grundsätzlich ausgeschlossen. Ausgeschlossen sind daher auch jegliche Rechts- und Schadensersatzansprüche. Dieses Werk wurde mit größter Sorgfalt nach bestem Wissen und Gewissen erarbeitet und niedergeschrieben. Für die Aktualität, Vollständigkeit und Qualität der Informationen übernimmt der Autor jedoch keinerlei Gewähr. Auch können Druckfehler und Falschinformationen nicht vollständig ausgeschlossen werden. Für fehlerhafte Angaben vom Autor kann keine juristische Verantwortung sowie Haftung in irgendeiner Form übernommen werden.

URHEBERRECHT

Alle Inhalte dieses Werkes sowie Informationen, Strategien und Tipps sind urheberrechtlich geschützt. Alle Rechte sind vorbehalten. Jeglicher Nachdruck oder jegliche Reproduktion – auch nur auszugsweise – in irgendeiner Form wie Fotokopie oder ähnlichen Verfahren, Einspeicherung, Verarbeitung, Vervielfältigung und Verbreitung mit Hilfe von elektronischen Systemen jeglicher Art (gesamt oder nur auszugsweise) ist ohne ausdrückliche schriftliche Genehmigung des Autors strengstens untersagt. Alle Übersetzungsrechte vorbehalten. Die Inhalte dürfen keinesfalls veröffentlicht werden. Bei Missachtung behält sich der Autor rechtliche Schritte vor.

IMPRESSUM

© LANGUAGE GUIDES

2021

2. Auflage

Alle Rechte vorbehalten.

Nachdruck, auch in Auszügen, ist nicht gestattet.

Kein Teil dieses Werkes darf ohne schriftliche Genehmigung des Autors in irgendeiner Form reproduziert, vervielfältigt oder verbreitet werden.

Kontakt:

Dominik Reeß

Geisbergstraße 11

10777 Berlin

Made in United States
Orlando, FL
22 June 2024